*Pour Harmony, Marty,
Arsène et tous les autres.*

Numéro du livre dans la collection :

Textes de Bernard Brunstein

© Bernard Brunstein pour les illustrations - http://peinturedebernard.over-blog.com/

ISBN : 9782322118380

Conte pour enfants de

Bernard Brunstein

Illustré par l'auteur

Le lit d'Harmony

Harmony et Marty

- Qui va là, dit Mimi.
- Je suis Dino, le dinosaure.
Je voudrais ne plus être dehors

et dormir dans le lit d'Harmony

Un rugissement se fit entendre.
Je suis le roi lion. Je ne suis pas tendre, mais j'aimerais juste pour une nuit,

dormir dans le lit d'Harmony.

- Et moi, dit le tigre,
tout le monde me dénigre,
mais je viens ici

dormir dans le lit d'Harmony.

Un bruit assourdissant,
C'est la marche de l'éléphant
qui pousse son cri.

- Je viens dans le lit d'Harmony.

Il était parti en guerre,
Le crocodile dans la poussière,
sous le soleil de midi.

- Je viens dans le lit d'Harmony.

L'ours sort de sa caverne
où, par habitude, il hiberne.
Il est presque minuit,

Je viens dans le lit d'Harmony.

Doucement, le serpent se glisse sous la douce pelisse.
-Il fait bon ici

dans le lit d'Harmony

Quel est ce cri?
- J'arrive, je suis le cochon rose.
Je viens faire une petite pose

dans le lit d'Harmony

J'étais dans la rivière,
vous m'avez gardé une place
j'espère, dit l'hippopotame.
Je me ferais tout petit

dans le lit d'Harmony

Wouaf, Wouaf
- De courir, ça donne soif,
dit le petit chien à Mimi.
Je vais dormir

dans le lit d'harmony

Miaou, Miaou,
dit le chat tout roux
- Je vais me rouler
en boule ici

dans le lit d'Harmony

Bon, ça suffit, cria Mimi
s'il en vient un de plus ici,
il sera bien trop petit

le lit d'Harmony.

Et voila le petit d'homme.
- Je veux juste faire un somme
dit le petit Marty

dans le lit d'Harmony

Les voici tous réunis
Bonne nuit!
dans le lit d'Harmony

Du même auteur

Poèmes et Peintures de Bernard Brunstein

L'amour simplement

Poèmes et Peintures de Bernard Brunstein

Le Fil Rouge

Histoire de Bernard Brunstein
Illustrations B Brunstein

Le Chat à la Fenêtre

La Couleurs Des Mots
Poèmes de Bernard BRUNSTEIN
Aquarelles
© l'Etoile Polaire Editions

la langue de la terre
La lenga de la terra

Poèmes et peintures de Bernard Brunstein
Quand je te parle

Conte pour enfant
Bernard Brunstein
Illustrations Bernard

WRAROU Le Lion

Textes, poèmes, peintures de Bernard Brunstein

NICE

L'AMOUR NE PEUT DISPARAÎTRE
Poèmes de Bernard Brunstein
Illustrations de B Brunstein

Les mots ont une couleur

Poèmes de Bernard Brunstein
Illustrations B Brunstein
Imaginations

Poèmes et Peintures de Bernard Brunstein
Quand la nuit se pose

Et avec...

Editeur : BoD-Books on Demand, 12/14 rond point des Champs Élysées, 75008 Paris, France
Impression : BoD-Books on Demand, Norderstedt, Allemagne
ISBN : 9782322118380
Dépôt légal :mars 2018